AZUL y VERDE

Alma Flor Ada
F. Isabel Campoy

ALFAGUARA
INFANTIL Y JUVENIL

Art Director: Felipe Dávalos
Design: Arroyo+Cerda S.C.
Editor: Norman Duarte

Santillana USA Publishing Company, Inc.
2023 NW 84th Ave
Miami, FL 33122

Art A: Azul y verde

ISBN 10: 1-58105-417-3

ISBN 13: 978-1-58105-417-0

Published in the United States of America

Printed in Colombia by D'vinni S.A.

15 14 13 12 10 11 12 13 14 15

Dedicamos este libro a todos los
niños que quieren ser artistas,
como Camila y Samantha,
y a todos los adultos que sienten
amor por el arte, como
Carmen Campoy y Mary Anderson.

A todos les animamos a
su propia creación.

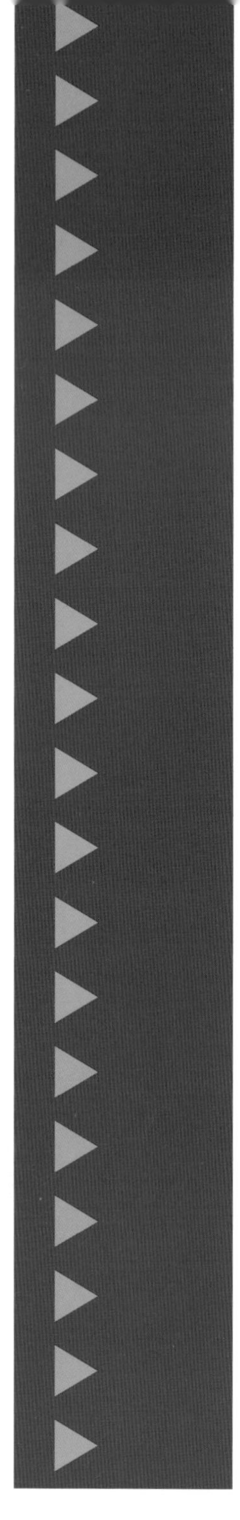

El cuadro
es la obra de arte
del pintor.

Tú,
eres la obra de arte,
de la vida

Las Meninas,
de Diego Velázquez.

Los domingos
domingos de primavera,
salgo vestidita de rosa,
de rosa todita entera.

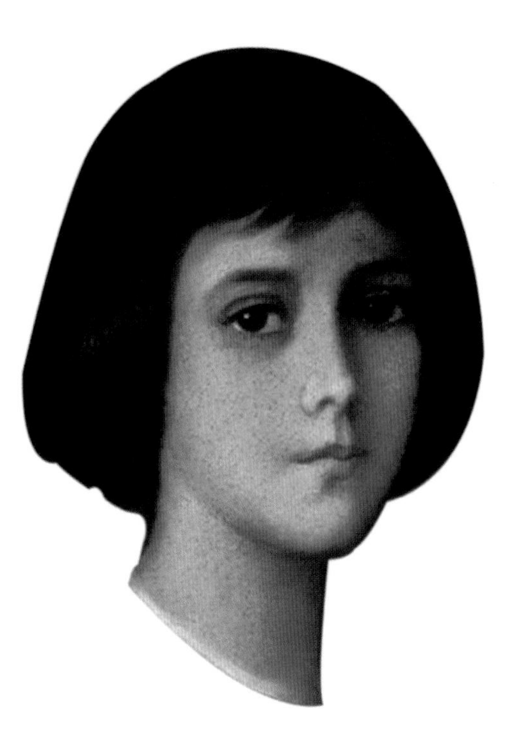

Dolores Asúnsolo a los 11 años,
de Alfredo Ramos.

Una niña vestida de rosa.

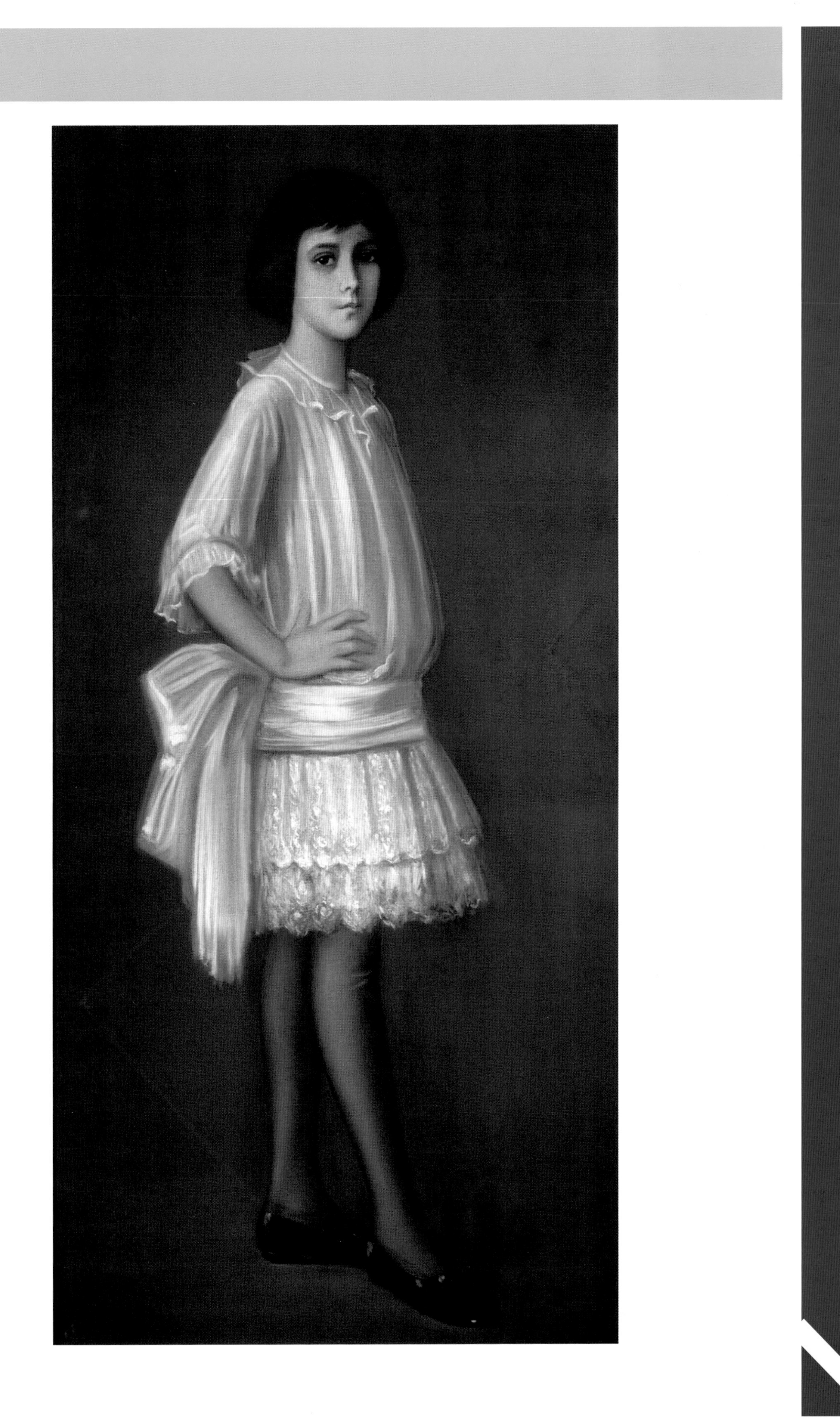

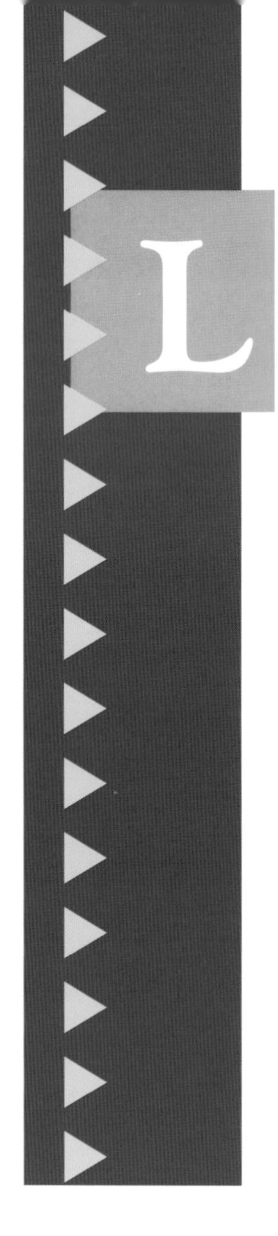

Los lunes,
lunes de verano,
abrazo a mi gato,
como a un hermano.

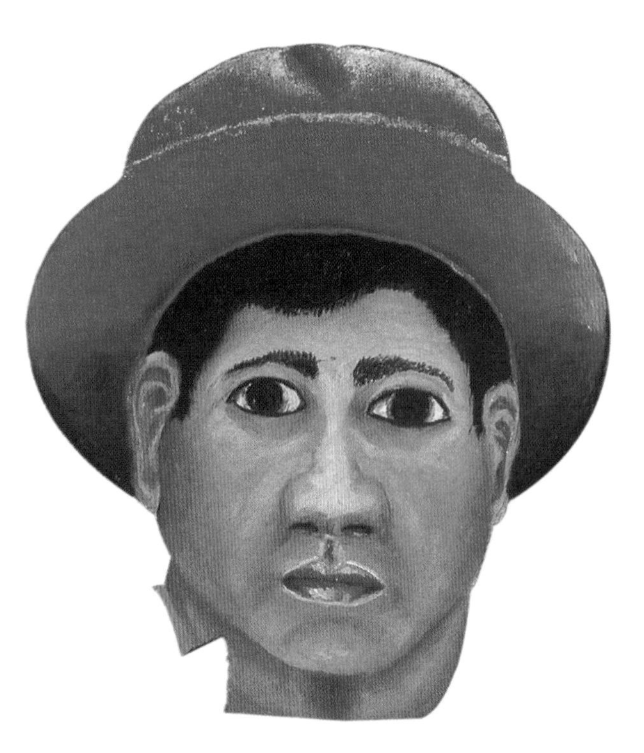

Niño del gato,
de Fernando Castillo.

Un niño.
Un gato.
Dos amigos.

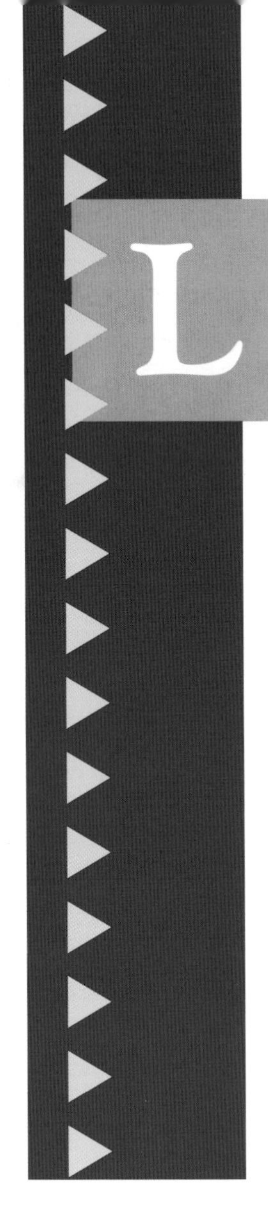

Los martes,
martes de otoño,
subo al tejado a ver la luna
redonda, de plata y oro.

Camas para sueños,
de Carmen Lomas Garza.

Una madre.
Dos hijas.
Tres personas.

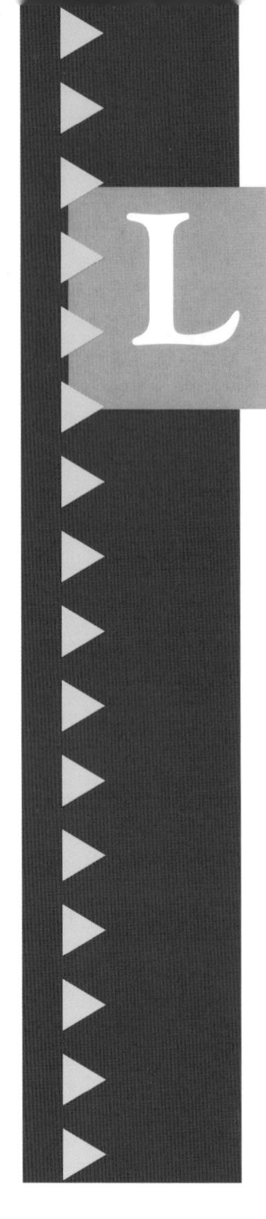

Los miércoles,
miércoles de invierno,
mi madre cose, mis hermanas leen
y yo disfruto escribiendo.

Fin del corrido,
de Diego Rivera.

Una madre.
Dos niñas.
Tres hermanitos.
Cuatro personas en una familia.

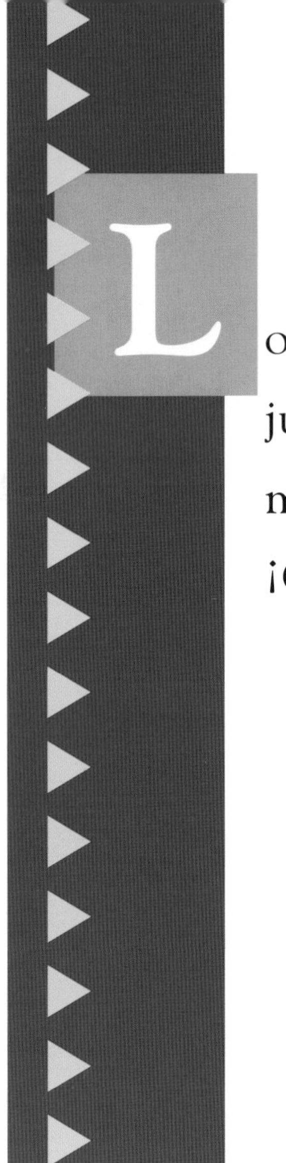

Los jueves,
jueves de primavera,
mis padres, mis tíos conversan.
¡Quiero a mi familia!

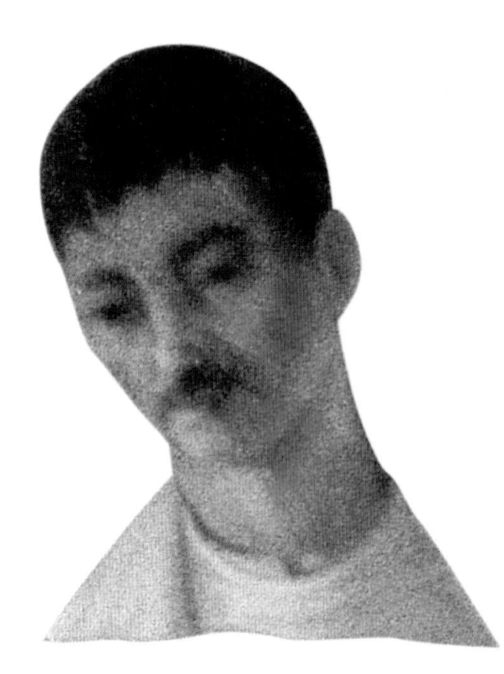

Familia andina,
de Héctor Poleo.

Una niña.
Dos mujeres.
Tres hombres.
Cuatro adultos.
Cinco personas.

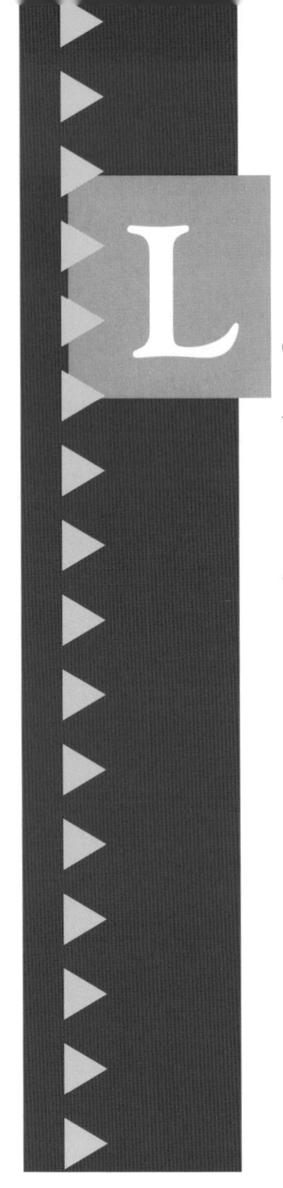

Los viernes,
viernes de verano,
salimos al campo
por la mañanita temprano.

Paisaje campestre,
de Roberto Benítez.

Un lago.
Dos bueyes.
Tres garzas en el agua.
Cuatro hoces.
Cinco casas.
Seis cactus.

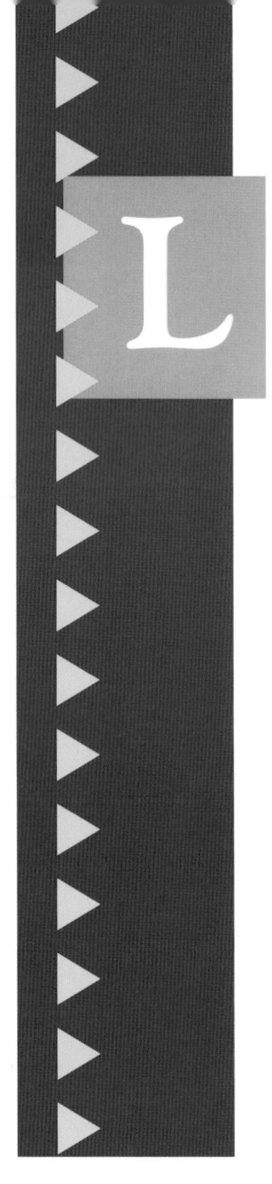

Los sábados,
sábados de otoño,
vienen a verme mis primos.
¡Ya no tengo que estar solo!

Mi familia antes de que yo naciera,
de Luis Jaso.

Un niño vestido de blanco.
Dos mujeres.
Tres niños.
Cuatro adultos.
Cinco personas vestidas de negro.
Seis personas sin bigote.
Siete personas en una familia.

Los domingos,
domingos de invierno,
las calles están vacías,
la ciudad está durmiendo.

Ferrocarril central de Brasil,
de Tarsila do Amaral.

Una iglesia.
Dos postes de teléfono.
Tres palmeras.
Cuatro ruedas.
Cinco banderas.
Seis torres de hierro.
Siete ventanas azules.
Ocho círculos.

TARSILA

Lunes o martes,
miércoles o jueves,
viernes, sábado o domingo.
¡Todo día es bueno
para una fiesta!

Baile en Tehuantepec,
de Diego Rivera.

Un hombre vestido de amarillo.
Dos sombreros.
Cuatro bailarinas.
Cinco mujeres sentadas.
Seis cintas en los postes.
Siete mujeres.
Ocho pies bailando.
Nueve personas en el baile.

En verano o en otoño,
en invierno o primavera,
¡qué alegre se pone el parque
cuando de risas se llena!

Feria, Lupe y Pancho,
de Ezequiel Negrete.

Una sombrilla.
Dos mujeres de pie.
Tres niños.
Cuatro árboles.
Cinco balcones.
Seis guaraches en seis pies.
Siete ventanas.
Diez personas alrededor de la sombrilla.

Ezequiel Negrete L.

Diego Velázquez

Uno de los más grandes pintores de todos los tiempos. Pintó Las Meninas, entre otros cuadros famosos. Era pintor de la corte del rey Felipe IV de España, y pintó con frecuencia al rey y a la familia real.

Las Meninas

La niña que aparece rodeada de sus damas, llamadas meninas, era hija de Felipe IV. Velázquez aparece también en el cuadro, detrás de su caballete. Al fondo se aprecian los reyes, reflejados en un espejo. Podemos suponer que estaban de visita en el estudio del pintor, para ver cómo éste pintaba a su hija. Lo interesante es que observan la escena donde lo hace quien mira el cuadro hoy día.

Alfredo Ramos

Nació en Monterrey, México. Ganó muchos premios con sus cuadros. Creó la Escuela de Pintura al Aire Libre. Muchos de sus retratos son de niños y niñas.

Dolores Asúnsolo a los 11 años

Cuando un artista pinta a una persona que posa frente a él, el cuadro que pinta es un retrato. Las fotografías de personas también son retratos. Éstos se pueden hacer con cualquier material y en cualquier estilo. Este cuadro está pintado al pastel. Es un retrato *realista*.

Fernando Castillo

Nació en México en el seno de una familia humilde. Pintar fue siempre su sueño, y llegó a realizarlo gracias a su esfuerzo y tesón.

Niño del gato

Un niño mexicano abraza a su gato. El pintor los vio así, pobres y llenos de amor. Pero no parece una fotografía. Él los pintó parecidos a como eran de verdad, y trató de expresar los sentimientos que le producían. Es un retrato *expresionista*.

Carmen Lomas Garza

Esta famosa pintora, de ascendencia mexicana, nació en Kingsville, Texas. A los trece años su ilusión por la pintura fue alimentada por su madre, quien la animó a seguir sus ideales. Sus cuadros reflejan a la comunidad mexicoamericana en que creció y reproducen con todo detalle las experiencias de su niñez.

Camas para sueños

Estas personas miran al cielo y conversan sobre sus sueños. Esta escena, en la cual la pintora recuerda sus años de Kingsville, refleja una vivencia cotidiana. Es una escena *de costumbres*. La artista usa óleo sobre lienzo y salpica sus pinturas con papel picado, típico de la artesanía mexicana.

Diego Rivera

Nació en Guanajuato, México, en 1886. Empezó a pintar desde muy joven. Viajó a Europa para ver las grandes obras de arte y regresó a México con el deseo de pintar temas de la vida y la cultura mexicanas. Aunque pintó cuadros, su medio favorito era el mural, es decir, pintaba en las paredes obras de grandes dimensiones. Murió en 1957.

Fin del corrido

La vida cotidiana fue un tema constante en la pintura de Diego Rivera. Aunque la influencia de pintores cubistas europeos se notaba en sus inicios, abandonó este estilo por uno clásico, que le caracterizó para el resto de su vida. Ésta es una escena *costumbrista*, de estilo *expresionista*.

Héctor Poleo

Nació en Venezuela (1918-1989). Estudio en la Escuela de Artes Plásticas. Aunque en su época de estudiante el paisaje era tema de muchas obras pictóricas en su país, Poleo viajó a México a aprender de los grandes muralistas. A su regreso a Venezuela hizo de la figura humana el centro de sus cuadros, y creó así un realismo social muy delineado.

Familia andina

Esta pintura nos muestra la vida de la gente, su belleza, su historia. Héctor Poleo creó cuadros de *realismo social* y pintó figuras muy delineadas, parecidas a esculturas.

Roberto Benítez

Los pintores primitivistas mexicanos tienen en común no sólo el estilo, sino también la inspiración. El campo y la vida diaria son temas constantes en sus cuadros. Roberto Benítez es un pintor de Oaxaca, México.

Paisaje campestre

El campo está lleno de belleza, pero también es fuente de recursos. Estas familias trabajan sus huertas. Cuando es tiempo de cosecha, todas las manos hacen falta. Óleo sobre tabla.

Luis Jaso

Nació en México. Aunque el deseo de pintar cuanto le rodeaba surge en la infancia, su educación artística formal fue limitada. Sus personajes favoritos eran los miembros de su familia, a quienes pintó repetidas veces.

Mi familia antes de que yo naciera

Luis Jaso pintaba, generalmente, teniendo frente a él a los modelos, a miembros de su familia. A veces pintaba basándose en fotografías. Es muy probable que haya hecho este cuadro, de estilo *primitivista,* a partir de una foto del álbum familiar. Esta obra contrasta notablemente con la pintura *La familia Pinzón,* de Botero

Tarsila do Amaral

Nació en Brasil (1886-1973). Desde joven viajó con frecuencia a Europa para estudiar a los pintores modernistas. En una primera época usa las formas geométricas para crear obras figurativas. Más tarde, después de estudiar a la gente y costumbres de su país, incorporó un estilo modernista a su pintura.

Ferrocarril central de Brasil

La pintora crea aquí un paisaje geométrico, trazado con círculos, cuadrados, triángulos. A pesar de las líneas y la ausencia de seres humanos en la pintura, el cuadro nos muestra una ciudad amable y viva.

Diego Rivera

Diego Rivera es conocido mundialmente por sus murales en edificios públicos, en los que cuenta la historia de México. En muchos de sus murales aparecen retratos de líderes políticos de todo el mundo. Algunas de sus pinturas fueron estropeadas por personas que no tenían sus mismas ideas.

Baile de Tehuantepec

Diego Rivera quería traer ante nuestros ojos la vida real de su pueblo. Por ello, muchos de sus cuadros al óleo reflejan escenas familiares y costumbristas, como esta de un baile en día de fiesta en Tehuantepec.

Ezequiel Negrete

Nació en la ciudad de México (1902-1960). Estudio en la Academia de San Carlos y en las escuelas al aire libre, que fueron famosas a principios de siglo y frecuentadas por los mejores pintores de la época. En ellas se daba importancia a la atmósfera social del cuadro.

Feria, Lupe y Pancho

Las escenas populares, la vida cotidiana, el reflejo social de la época fueron los temas preferidos por los pintores de la Escuela al Aire Libre. Ezequiel Negrete pintó aquí una escena *costumbrista* del México de su época.

ACKNOWLEDGEMENTS

Cover; page 5 / Diego Velázquez, *Las Meninas*. Copyright © Museo del Prado / Madrid / All rights reserved. Reproduction authorized by the Museo del Prado.
Page 7 / Alfredo Ramos Martínez, *Dolores Asúnsolo a los 11 años de edad*. Copyright © Consejo Nacional para la Cultura y las Artes / Instituto Nacional de Bellas Artes y Literatura / Museo Nacional de Arte / Mexico. Reproduction authorized by the Museo Nacional de Arte.
Page 9 / Fernando Castillo, *Niño del gato*. Copyright © Centro Popular de Pintura de San Antonio Abad / Gabriel Fernández Ledesma Collection / Mexico. Extensive research failed to locate the copyright holder of this work.
Page 11 / Carmen Lomas Garza, *Camas para sueños*. Copyright ©1989 Carmen Lomas Garza. Photo: Judy Reed. Reproduction authorized by the artist.
Page 13 / Diego Rivera, *Fin del corrido* (detail), 1926. Copyright © 2000 Reproduction authorized by the Instituto Nacional de Bellas Artes y Literatura and Banco de México, Fiduciario en el Fideicomiso relativo a los Museos Diego Rivera y Frida Kahlo.
Page 15 / Héctor Poleo, *Familia andina,* 1944. Copyright © Art Museum of the Americas of the Organization of American States / Permanent Collection (Gift of IBM). Reproduction authorized by the Art Museum of the Americas.
Page 17 / Roberto Benítez, *Paisaje campestre*. from the collection of Alma Flor Ada and F. Isabel Campoy.
Page 19 / Luis Jaso, *Mi familia antes de que yo naciera,* 1963. Copyright © Luis Jaso. Extensive research failed to locate the copyright holder of this work.
Page 21 / Tarsila do Amaral, *Central Railway of Brazil,* 1924. Copyright © Collection: Museu de Arte Contemporânea da Universidade de São Paulo / Brazil. Photo: Romulo Fialdini. Reproduction authorized by the Museu de Arte Contemporânea.
Page 23 / Diego Rivera, *Baile en Tehuantepec* (detail), 1935. Copyright © 2000 Reproduction authorized by the Instituto Nacional de Bellas Artes y Literatura and Banco de México, Fiduciario en el Fideicomiso relativo a los Museos Diego Rivera y Frida Kahlo.
Page 25 / Ezequiel Negrete, *Feria, Lupe y Pancho,* 1954. From the collection of the Instituto Nacional de Bellas Artes y Literatura / Mexico.